ALBITTE,
REPRÉSENTANT DU PEUPLE,

Envoyé pour l'exécution des mesures de salut public & l'établissement du gouvernement révolutionnaire, dans les départemens de l'Ain & du Mont-Blanc.

AUX AUTORITÉS PUBLIQUES
DE CES DEUX DÉPARTEMENS.

Les vertus & le bonheur sont la propriété du peuple. Ses erreurs & ses maux sont l'ouvrage funeste de ceux qui trop souvent l'égarent, le trompent & le trahissent.

Le peuple chérit la vérité & la raison; les aristocrates, les amis des tyrans, les ambitieux, les égoïstes, les hypocrites & les fripons de toute espèce cherchent malheureusement sans cesse à lui en dérober les lumières éternelles. Administrateurs, magistrats, il est temps d'arracher les derniers lambeaux du voile épais que l'ignorance & la tyrannie avoient jeté sur les yeux du peuple, & de dissiper les dernières ténèbres qui obscurcissent encore l'athmosphère de la liberté.

Que le peuple s'instruise, qu'il sache tout. Répandez à pleins jets la lumière. Qu'il connoisse par-tout sa situation, ses droits, sa force, sa grandeur & sa gloire. Qu'il puisse distinguer en tous temps, en tous lieux, ses amis véritables & ses perfides ennemis. Qu'il puisse enfin nous juger facilement, & connoître les vertus & les crimes des hommes qu'il a chargés du soin honorable d'exécuter ses volontés.

Envoyé dans ce département par la Convention nationale, je ferai parvenir, aussi exactement qu'il me sera possible, aux fonctionnaires publics & aux sociétés populaires, les loix, les arrêtés & tous les écrits qui doivent guider le peuple dans la carrière révolutionnaire, & assurer l'anéantissement de fes ennemis. J'attends des agens de la chose publique le plus grand zèle & la plus grande activité. Ils commenceront à m'en donner des preuves, en répandant, avec autant de diligence que de discernement, les femences patriotiques qui leur feront confiées.

Ils fe fouviendront fans cesse qu'ils font responsables; les fociétés populaires le leur rappelleront avec vigueur, & je ne l'oublierai pas.

ALBITTE.

RAPPORT

DE MAXIMILIEN ROBESPIERRE,

A LA CONVENTION,

FAIT AU NOM DU COMITÉ DE SALUT PUBLIC,

Le quintidi 15 frimaire, l'an second de la république une & indivisible.

IMPRIMÉ PAR ORDRE DE LA CONVENTION.

Citoyens représentans du peuple,

Les rois coalisés contre la république, nous font la guerre avec des armées, avec des intrigues et avec des libelles. Nous opposerons à leurs armées, des armées plus braves; à leurs intrigues, la vigilance et la terreur de la justice nationale; à leurs libelles, la vérité.

Toujours attentifs à renouer les fils de leurs trames funestes, à mesure qu'ils sont rompus par la main du patriotisme; toujours habiles à tourner les armes de la liberté contre la liberté même, les émissaires des ennemis de la France travaillent aujourd'hui à renverser la république par républicanisme, et à rallumer la guerre civile par philosophie. Avec ce grand système de subversion et d'hypocrisie, coincide merveilleusement un plan perfide de diffamation contre la convention nationale et contre la nation elle-même. Tandis que la perfidie ou l'imprudence, tantôt énervoit l'énergie des mesures révolutionnaires commandées par le salut de la patrie, tantôt les laissoit sans exécution, tantôt les exagéroit avec malice ou les appliquoit à contre-sens; tandis qu'au milieu de ces embarras, les agens des puissances étrangères, mettant en œuvre tous les mobiles, détournoient notre attention des véritables dangers et des besoins pressans de la république, pour la tourner toute entière vers les idées religieuses; tandis qu'à une révolution politique, ils cherchoient à substituer une révolution nouvelle, pour donner le change à la raison publique et à l'énergie du patriotisme; tandis que les mêmes hommes attaquoient ouvertement tous les cultes, et encourageoient secrétement le fanatisme; tandis qu'au même instant ils faisoient retentir la France entière de leurs déclamations insensées, et osoient abuser du nom de la convention nationale pour justifier les extravagances réfléchies de l'aristocratie déguisée sous le manteau de la folie; les ennemis de la France marchandoient de nouveau vos ports, vos généraux, vos armées; rassuroient le fédéralisme épouvanté, intriguoient chez tous les peuples étrangers pour multiplier vos ennemis; ils armoient contre vous les prêtres de toutes les nations; ils opposoient l'empire des opinions religieuses à l'ascendant naturel de vos principes moraux et politiques; et les manifestes de tous les gouvernemens nous dénonçoient à l'univers comme un peuple de fous et d'athées. C'est à la convention nationale d'intervenir entre le fanatisme qu'on réveille et le patriotisme qu'on veut égarer, et de rallier tous les citoyens aux principes de la liberté, de la raison et de la justice. Les législateurs qui aiment la patrie, et qui ont le courage de la sauver, ne doivent pas ressembler à des roseaux sans cesse agités par le souffle des factions étrangères. Il est du devoir du comité de salut public de vous les dévoiler, et de vous proposer les mesures necessaires pour les étouffer; il le remplira sans doute. En attendant, il m'a chargé de vous présenter un projet d'adresse, dont le but est de confondre les lâches impostures des tyrans ligués contre la république, et de dévoiler aux yeux de l'univers leur hideuse hypocrisie. Dans ce combat de la tyrannie contre la liberté, nous avons tant d'avantages, qu'il y auroit de la folie de notre part à l'éviter; et puisque les oppresseurs du genre humain ont la témérité de vouloir plaider leur cause devant lui, hâtons-nous de les suivre à ce tribunal redoutable, pour accélérer l'inévitable arrêt qui les attend.

RÉPONSE

De la Convention nationale aux manifestes des rois ligués contre la République;

Proposée, par Robespierre, au nom du Comité de salut public; & décretée par la Convention.

La convention nationale répondra-t-elle aux manifestes des tyrans ligués contre la république française ? il est naturel de les mépriser ; mais il est utile de les confondre ; il est juste de les punir.

Un manifeste du despotisme contre la liberté ! Quel bizarre phénomène ! Comment les ennemis de la France ont-ils osé prendre des hommes, pour arbitres, entre eux et nous ? comment n'ont-ils pas craint que le sujet de la querelle ne réveillât le souvenir de leurs crimes, et ne hâtât leur ruine ?

De quoi nous accusent-ils ? de leurs propres forfaits.

Ils nous accusent de rebellion. Esclaves révoltés contre la souveraineté des peuples, ignorez-vous que ce blasphême ne peut être justifié que par la victoire ? Mais voyez donc l'échafaud du dernier de nos tyrans; voyez le peuple français armé pour punir ses pareils : voilà notre réponse.

Les rois accusent le peuple français d'immoralité !

Peuples, prêtez une oreille attentive aux leçons de ces respectables précepteurs du genre humain. La morale des rois, juste ciel! Peuples, célébrez la bonne foi de Tibère et la candeur de Louis XVI; admirez le bon-sens de Claude et la sagesse de Georges; vantez la tempérance et la justice de Guillaume et de Léopold; exaltez la chasteté de Messaline, la fidélité conjugale de Catherine, et la modestie d'Antoinette; louez l'invincible horreur de tous les despotes passés, présens et futurs, pour les usurpations et la tyrannie, leurs tendres égards pour l'innocence opprimée, leur respect religieux pour les droits de l'humanité.

Ils nous accusent d'irréligion; ils publient que nous avons déclaré la guerre à la divinité même. Qu'elle est édifiante la piété des tyrans! et combien doivent être agréables au ciel les vertus qui brillent dans les cours, et les bienfaits qu'ils répandent sur la terre? De quel dieu nous parlent-ils? en connoissent-ils d'autre que l'orgueil, que la débauche et tous les vices? Ils se disent les images de la divinité... est-ce pour la faire haïr? Ils disent que leur autorité est son ouvrage. Non: Dieu créa les tigres; mais les rois sont le chef-d'œuvre de la corruption humaine. S'ils invoquent le ciel, c'est pour usurper la terre; s'ils nous parlent de la divinité, c'est pour se mettre à sa place: ils lui renvoient les prières du pauvre et les gémissemens du malheureux; mais ils sont eux-mêmes les dieux des riches, des oppresseurs et des assassins du peuple. Honorer la divinité et punir les rois, c'est la même chose. Et quel peuple rendit jamais un culte plus pur que le nôtre au grand être sous les auspices duquel nous avons proclamé les principes immuables de toute société humaine? Les lois de la justice éternelle étoient appelées dédaigneufement les rêves des gens de bien; nous en avons fait d'impofantes réalités. La morale étoit dans les livres des philofophes; nous l'avons mife dans le gouvernement des nations. L'arrêt de mort prononcé par la nature contre les tyrans dormoit oublié dans les cœurs abattus des timides mortels; nous l'avons mis à exécution. Le monde appartenoit à quelques races de tyrans, comme les déferts de l'Afrique aux tigres et aux ferpens; nous l'avons reftitué au genre humain.

Peuples, fi vous n'avez pas la force de reprendre votre part de ce commun héritage, s'il ne vous eft pas donné de faire valoir les titres que nous vous avons rendus, gardez-vous du moins de violer nos droits ou de calomnier notre courage.

Les Français ne font point atteints de la manie de rendre aucune nation heureufe et libre, malgré elle. Tous les rois auroient pu végéter ou mourir impunis fur leurs trônes enfanglantés, s'ils avoient fu refpecter l'indépendance du peuple français: nous ne voulons que vous éclairer fur leurs impudentes calomnies.

Vos maîtres vous difent que la nation françaife a profcrit toutes les religions, qu'elle a fubftitué le culte de quelques hommes à celui de la divinité; ils nous peignent à vos yeux comme un peuple idolâtre ou infenfé. Ils mentent: le peuple français et fes repréfentans refpectent la liberté de tous les cultes, et n'en profcrivent aucun. Ils honorent la vertu des martyrs de l'humanité, fans engouement et fans idolâtrie; ils abhorrent l'intolérance et la perfécution, de quelque prétexte qu'elles fe couvrent. Ils condamnent les extravagances du philofophifme, comme les folies de la fuperftition, et comme les crimes du fanatifme. Vos tyrans nous imputent quelques irrégularités, inféparables

rables des mouvemens orageux d'une grande révolution; ils nous imputent les effets de leurs propres intrigues, et les attentats de leurs émissaires. Tout ce que la révolution française a produit de sage et de sublime, est l'ouvrage du peuple; tout ce qui porte un caractère différent, appartient à nos ennemis.

Tous les hommes raisonnables et magnanimes sont du parti de la république; tous les êtres perfides et corrompus sont de la faction de vos tyrans. Calomnie-t-on l'astre qui anime la nature, pour des nuages légers qui glissent sur son disque éclatant? L'auguste liberté perd-elle ses charmes divins, parce que les vils agens de la tyrannie cherchent à la profaner? Vos malheurs et les nôtres sont les crimes des ennemis communs de l'humanité. Est-ce pour vous une raison de nous haïr? non: c'est une raison de les punir.

Les lâches osent vous dénoncer les fondateurs de la république française. Les Tarquins modernes ont osé dire que le sénat de Rome étoit une assemblée de brigands; les valets même de Porsenna traiteroient Scévola d'insensé. Suivant les manifestes de Xercès, Aristide a pillé le trésor de la Grèce. Les mains pleines de rapines, & teintes du sang des Romains, Octave et Antoine ordonnent à toute la terre de les croire seuls clémens, seuls justes et seuls vertueux.

Tibère et Séjan ne voient dans Brutus et Cassius que des hommes de sang, et même des fripons.

Français, hommes de tous les pays, c'est vous qu'on outrage, en insultant à la liberté, dans la personne de vos représentans ou de vos défenseurs. On a reproché à plusieurs membres de la convention des foiblesses; à d'autres des crimes.

Eh! qu'a de commun avec tout cela le peuple français ? qu'a de commun la représentation nationale, si ce n'est la force qu'elle imprime aux foibles, et la peine qu'elle inflige aux coupables ? Toutes les armées des tyrans de l'Europe repoussées, malgré cinq années de trahisons, de conspirations et de discordes intestines; l'échafaud des représentans infidèles, élevé à côté de celui du dernier de nos tyrans; les tables immortelles où la main des représentans du peuple grava, au milieu des orages, le pacte social des Français; tous les hommes égaux devant la loi; tous les grands coupables tremblant devant la justice; l'innocence sans appui, étonnée de trouver enfin un asyle dans les tribunaux; l'amour de la patrie triomphant malgré tous les vices des esclaves, malgré toute la perfidie de nos ennemis; le peuple énergique et sage, redoutable et juste, se ralliant à la voix de la raison, et apprenant à distinguer ses ennemis sous le masque même du patriotisme; le peuple français courant aux armes pour défendre le magnifique ouvrage de son courage et de sa vertu : voilà l'expiation que nous offrons au monde, et pour nos propres erreurs et pour les crimes de nos ennemis.

S'il le faut, nous pouvons encore lui présenter d'autres titres : notre sang aussi a coulé pour la patrie. La convention nationale peut montrer aux amis et aux ennemis de la France d'honorables cicatrices et de glorieuses mutilations. Ici deux illustres adversaires de la tyrannie sont tombés à ses yeux sous les coups d'une faction parricide : là, un digne émule de leur vertu républicaine, renfermé dans une ville assiégée a osé former la résolution généreuse de se faire, avec quelques compagnons, un passage au travers des phalanges ennemies : noble victime d'une odieuse trahison, il tombe entre les mains des satellites de l'Autriche, et il expie, dans de longs tourmens, son dévouement sublime à la cause de la liberté. D'autres représentans pénètrent au travers des contrées rebelles du midi, échappent avec peine à la fureur des traîtres, sauvent l'armée française livrée par des chefs perfides, et reportent la terreur et la fuite aux satellites des tyrans de l'Autriche, de l'Espagne et du Piémont ; dans cette ville exécrable, l'opprobre du nom français, Baille et Beauvais, rassasiés des outrages de la tyrannie, sont morts pour la patrie et pour ses saintes loix. Devant les murs de cette cité sacrilége, Gasparin, dirigeant la foudre qui devoit la punir, Gasparin enflammant la valeur républicaine de nos guerriers, a péri victime de son courage et de la scélératesse du plus lâche de tous nos ennemis. Le Nord et le Midi, les Alpes et les Pyrénées, le Rhône et l'Escaut, le Rhin et la Loire, la Moselle et la Sambre, ont vu nos bataillons républicains se rallier, à la voix des représentans du peuple, sous les drapeaux de la liberté et de la victoire : les uns ont péri, les autres ont triomphé.

La convention toute entière a affronté la mort et bravé la fureur de tous les tyrans.

Illustres défenseurs de la cause des rois, princes, ministres, généraux, courtisans, citez-nous vos vertus civiques, racontez-nous les importans services que vous avez rendus à l'humanité : parlez-nous des forteresses conquises par la force de vos guinées ; vantez-nous le talent de vos émissaires et la promptitude de vos soldats à fuir devant les défenseurs de la république ; vantez-nous votre noble mépris pour le droit des gens et pour l'humanité, nos prisonniers égorgés de sang-froid, nos femmes mutilées par vos janissaires, les enfans massacrés sur le sein de leur mère... et la dent meurtrière des tigres autrichiens, déchirant leurs membres palpitans : vantez-nous vos exploits d'Amérique, de Gênes et de Toulon ; vantez-nous sur-tout votre suprême habileté dans l'art des empoisonnemens et des assassinats. Tyrans, voilà vos vertus !

Sublime parlement de la Grande-Bretagne, citez-nous vos héros. Vous avez un parti de l'opposition. Chez vous le patriotisme *s'oppose* ; donc le despotisme triomphe ; la minorité s'oppose ; la majorité est donc corrompue. Peuple insolent et vil, ta prétendue représentation est vénale sous tes yeux et de ton aveu. Tu adoptes toi-même leur maxime favorite : que les talens de tes députés sont un objet d'industrie, comme la laine de tes moutons et l'acier de tes fabriques... Et tu oserois parler de morale et de liberté !

Quel est donc cet étrange privilège, de déraisonner sans mesure et sans pudeur, que la patience stupide des peuples semble accorder aux tyrans ! Quoi ! ces petits hommes, dont le principal mérite consiste à connoître le tarif des consciences britanniques ; qui s'efforcent de transplanter en France les vices et la corruption de leur pays ; qui font la guerre, non avec des armes, mais avec des crimes, osent accuser la convention nationale de corruption, et insulter aux vertus du peuple français !

Peuple généreux, nous jurons par toi-même que tu seras vengé. Avant de nous faire la guerre, nous exterminerons tous nos ennemis ; la maison d'Autriche périra plutôt que la France ; Londres sera libre, avant que Paris redevienne esclave. Les destinées de la république et celles des tyrans de la terre ont été pesées dans les balances éternelles ; les tyrans ont été trouvés plus légers. Français, oublions nos querelles, et marchons aux tyrans; domptons-les, vous par vos armes, et nous par nos loix.

Que les traitres tremblent! que le dernier des lâches émissaires de nos ennemis disparoisse! que le patriotisme triomphe, et que l'innocence se rassure! Français, combattez; votre cause est sainte, vos courages sont invincibles, vos représentans savent mourir; ils peuvent faire plus, ils savent vaincre.

Pour copie conforme.

ALBITTE,

Représentant du peuple, envoyé dans les départemens de l'Ain & du Mont-Blanc.

www.ingramcontent.com/pod-product-compliance
Lightning Source LLC
Chambersburg PA
CBHW070530050426
42451CB00013B/2933